Barbara Kemper

Das Perlenbuch

Schmuck, Figuren, Wire-Wire

ENGLISCH VERLAG

Die Deutsche Bibliothek – CIP-Einheitsaufnahme
Das Perlenbuch: Schmuck, Figuren, Wire-Wire / Barbara Kemper. – Wiesbaden: Englisch, 2002
ISBN 3-8241-1150-0

ISBN 3-8241-1150-0

Fotos: Frank Schuppelius
Herstellung: Michael Feuerer
Printed in Spain

Die Ratschläge in diesem Buch sind von der Autorin und dem Verlag sorgfältig erwogen und geprüft, dennoch kann eine Garantie nicht übernommen werden. Eine Haftung der Autorin bzw. des Verlages und seiner Beauftragten für Personen-, Sach- und Vermögensschäden ist ausgeschlossen.

Inhaltsverzeichnis

Vorwort

Mit Rocailles, Schmuckperlen und Draht kann man wunderschönen Schmuck arbeiten. Doch mittlerweile dekoriert man auch alltägliche Sachen mit Perlen und Draht. So können Sie zum Beispiel einen Kerzenständer mit Perlen dekorieren. Arbeiten Sie die passenden Serviettenringe dazu, und schon haben Sie eine stimmige und individuelle Tischdekoration. Die Farbauswahl bei den Perlen ist so groß, dass für jeden Geschmack etwas dabei ist. Mit Draht der passenden Farbe rundet man die Sache dann ab.
Hier finden Sie viele hilfreiche Tipps, wie mit Perlen und Draht gearbeitet wird, sowie originelle Vorschläge für Schmuckideen.
Ich wünsche Ihnen viel Spaß beim Drehen, Fädeln und Kombinieren!

Barbara Kemper

Material und Werkzeug

- Metalldraht in verschiedenen Farben und Stärken
- Aluminiumdraht in verschiedenen Farben und Stärken
- Wire-Winder (Gerät, um die Drahtspiralen zu drehen)
- Steckplatte zum leichten Formen der Spiralen
- Tischklammer
- Verschlüsse
- Quetschperlen
- Nylon-ummantelter Draht (Nylon Coated)
- verschiedene Perlen
- Rundzange
- gekrümmte Flachzange
- kleine Kneifzange
- feine Feile oder Schmirgelpapier

Grundanleitung

Grundanleitung zum Drehen der Spiralen

Der Wire-Winder hat einen Halter, den man auf eine Holzplatte schrauben oder mit einer Tischklammer befestigen kann. Zum Winder gehört ein dicker und ein dünner Stift.

Nehmen Sie als Erstes einen 0,45 mm starken Draht, und befestigen Sie diesen an der Schlaufe des Stiftes. Jetzt drehen Sie den Stift und halten den Draht dabei stramm. So erhalten Sie die **Grundspirale**. Sollten die Spiralen ungleichmäßig werden, haben Sie den Draht zu locker gehalten.

Um aus der Grundspirale **eine einfach gedrehte Spirale** herzustellen, ziehen Sie die Grundspirale noch einmal auf Draht (je nach

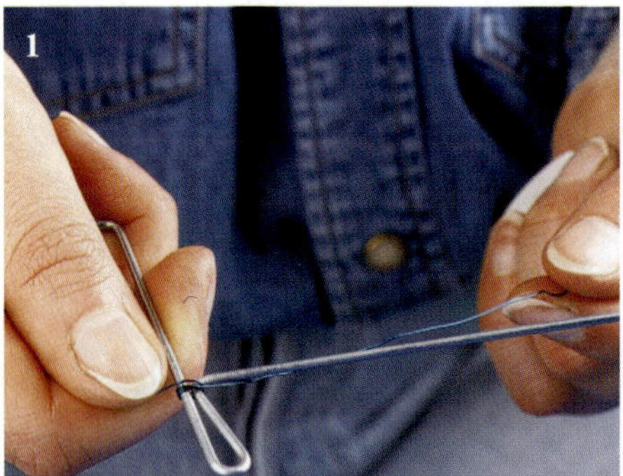

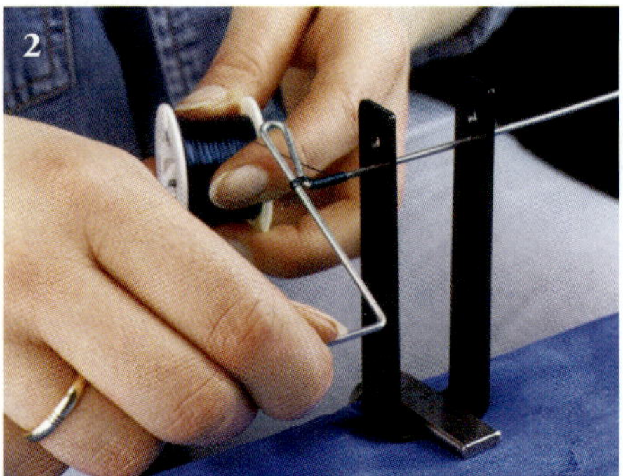

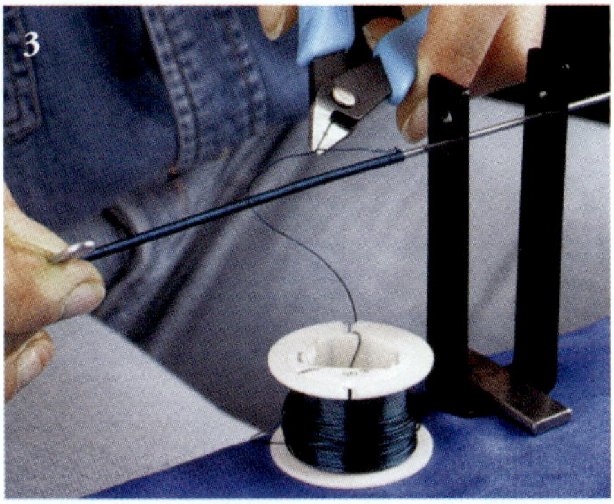

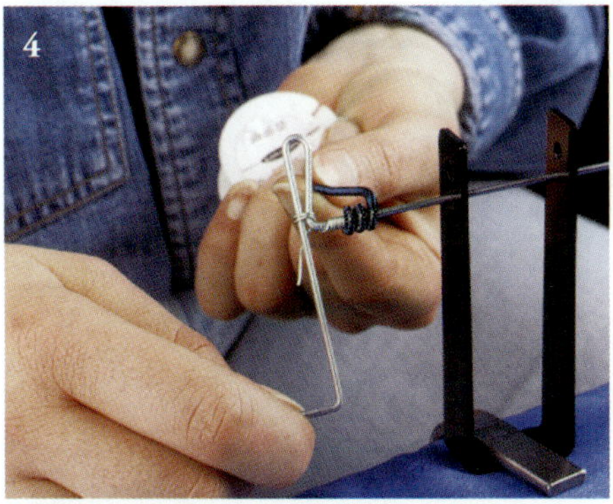

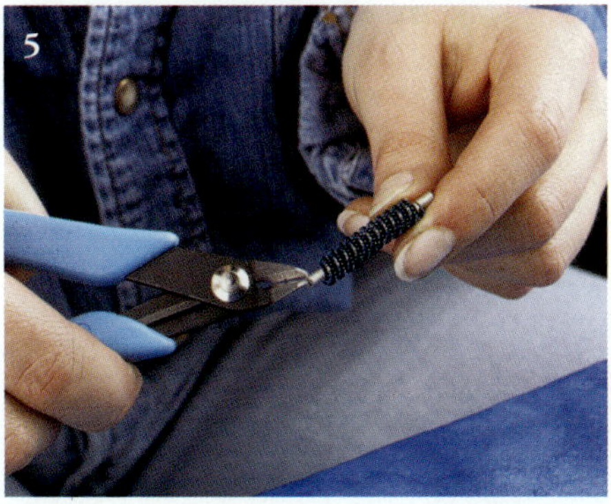

Festigkeit auf 0,45 mm oder 0,70 mm). Diesen Draht befestigen Sie wiederum am Winder und schieben dann die Grundspirale ganz nach oben, bis sie fest am Stift anliegt. Beginnen Sie nun mit 4 Umdrehungen (Schlägen), und drehen Sie dann die Spirale um den Stift. Ist die Grundspirale zu Ende, machen Sie wieder 4 Schläge. Dann können Sie die Spirale vom Stift ziehen.

Nach demselben Prinzip kann man auch die **zweifach gedrehte Spirale** herstellen.

Hier wird die einfach gedrehte Spirale auf einen 0,7 mm starken Draht aufgezogen und dieser am Winder befestigt. Die Spirale wird bis zum Stift hochgeschoben und stramm gehalten. Beginnen Sie wieder mit 4 Schlägen, und drehen Sie dann weiter, um anschließend mit vier Schlägen aufzuhören.

Für die vierte Variante, die **offene Spirale**, sollten Sie schon etwas Übung haben, aber nur Mut, es sieht schwerer aus als es ist.

Für eine Spirale, die 3 cm lang sein soll, benötigen Sie eine Grundspirale von 7 cm Länge. Nun drehen Sie eine weitere Grundspirale von 3 cm Länge, nehmen diese aber nicht vom Stift ab. Ziehen Sie die 7 cm lange Spirale auf einen 0,7-mm-Draht, befestigen diesen am Stift, machen 4 Schläge und drehen dann die Grundspirale locker um den Stift mit der Spirale. Beenden Sie dann wieder mit 4 Schlägen. Nun können Sie die offene Spirale mit der Hand in Form biegen.

Spiralen mit Perlen

Bevor Sie die Spiralen drehen, müssen Sie Perlen auf den 0,45 mm oder 0,7 mm starken Draht auffädeln. Sie beginnen dann wieder mit 4 Schlägen, schieben die Perlen fest nach oben und enden wieder mit 4 Schlägen.

Wenn Sie mit Rohrperlen arbeiten, lassen Sie den Draht etwas lockerer, sonst platzen die Perlen. Auf der Abbildung 5 sehen Sie eine Grundspirale mit Rocaille-Perlen gearbeitet. Für die einfach gedrehte Spirale müssen Sie eine Grundspirale mit Perlen von 12 cm Länge herstellen. Davor wurden 60 cm Perlen aufgefädelt.

Tipps

- Wenn Sie mehrere kleine Grundspiralen benötigen, machen Sie eine lange Spirale und schneiden die kurzen Stücke dann zu. Das erspart eine Menge Zeit und Material.
- Das Gleiche können Sie auch bei der einfach gedrehten Spirale machen, aber Vorsicht, Sie müssen die Anzahl der Schläge beachten.
- Beim Abkneifen der Spiralen achten Sie auf spitze Kanten. Man kann sich leicht daran verletzen oder Fäden aus der Kleidung ziehen.
- Wenn Sie Sicherheitsnadeln verarbeiten, achten Sie bitte darauf, dass diese am Verschluss gut zugekniffen sind.

Grundanleitung für die Draht-Steckplatte

Diese Steckplatte hat viele kleine Löcher. In diese steckt man verschieden dicke Stifte in einem Muster. Der Draht wird dann um die Stifte gedreht, wobei man darauf achten muss, dass der Draht in die gleiche Richtung gedreht wird wie die Spiralen. Arbeiten Sie viele gleiche Teile, ist das besonders wichtig, weil sich sonst die Form der gedrehten Teile verändert. Zum Arbeiten mit der Steckplatte nehmen Sie Aluminiumdraht, da dieser sich viel einfacher um die Stifte drehen lässt, als der Metalldraht für die Schmuckteile.

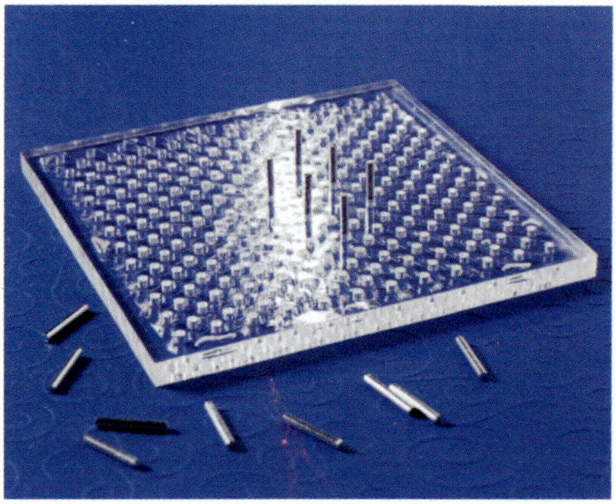

Grundanleitung für das Arbeiten mit der Strickgabel

Die Strickgabel wird in eine Hand genommen und das Garn von hinten durch das Loch geführt. Es wird nun zweimal in der Form einer 8 um die Zinken gelegt, sodass über jedem Zinken zwei Schlingen liegen. Die Garnrolle liegt dabei hinter der Strickgabel. Die untere Schlinge wird nun über die obere Schlinge gehoben und von dem Zinken nach innen abgehoben. Mit dem Garn schlagen Sie eine weitere Acht um die Zinken und heben wieder die unteren Schlingen über die oberen. Durch Ziehen am Fadenende befestigen Sie die gestrickten Schlingen.

Beim Arbeiten mit Perlen fädeln Sie vorher die Perlen auf das Garn auf und schieben die Perlen dann einzeln beim Stricken nach oben. Achten Sie darauf, dass die Perlen nur so groß sind, dass sie noch durch das Loch der Strickgabel passen!

Grundanleitung für das Arbeiten mit der Strickliesel

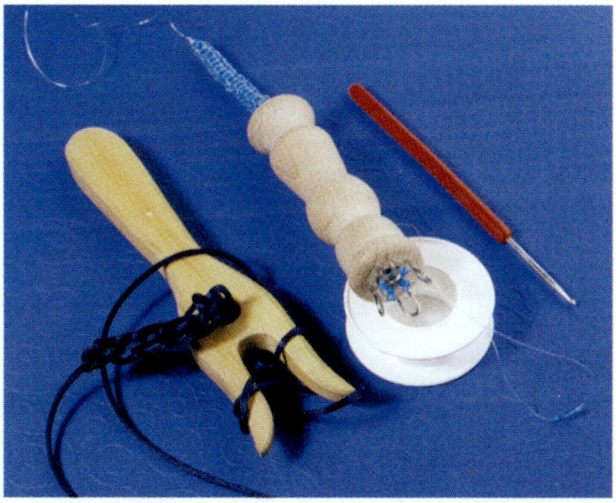

Fädeln Sie den Anfang vom Garn durch die Strickliesel und legen das Garn in zwei Schlingen in Acht-Form um die vier Drahtbügel. Nehmen Sie dafür zwei Drahtbügel, die sich diagonal gegenüberliegen und legen die erste Acht mit dem Garn darum.

Arbeiten Sie nun die zweite Acht um die anderen beiden Drahtbügel. Durch Drehen der Strickliesel legt sich das Garn um die Drahtbügel. Heben Sie nun mit einer Häkelnadel die untere Schlinge über die obere Schlinge und den Drahtbügel hinweg nach innen ab. Nach jeder Runde ziehen Sie am Fadenende die fertigen Maschen fest.

Beim Arbeiten mit Perlen fädeln Sie vorher die Perlen auf das Garn auf und schieben die Perlen einzeln beim Stricken nach oben. Achten Sie vor dem Auffädeln darauf, dass die Perlen durch die Öffnung der Strickliesel passen.

Schönes aus Perlen

Deko-Sterne in Dunkelblau

Kerzenverzierung

Material

- Aluminiumdraht, ∅ 1,0 mm, in Dunkelblau
- Draht, 0,45 mm, in Silber
- Rocailles in Weiß, Silber und Lila-Blau irisierend

Anleitung

Drehen Sie mit dem Wire-Wire-Winder eine Spirale von 12 cm. Von dem blauen Aluminiumdraht schneiden Sie 25 cm ab. Mit der Rundzange drehen Sie die erste Rundung der Schneckenspirale; dann legen Sie die Zange beiseite und drehen den Draht mit den Fingern zu weiteren Kreisen. Nehmen Sie die Kerze und halten die Schneckenspirale vorsichtig auf der Kerze fest und drehen den Draht zweimal um die Kerze. Nehmen Sie die gedrehte Spirale wieder ab und ziehen die vorher gefertigte Perlenspirale auf die blaue Spirale. Die Perlenspirale wird nun vorsichtig auseinander gezogen.

Am Ende der blauen Spirale müssen 4 cm stehen bleiben. Aus diesem Rest arbeiten Sie mit der Rundzange wieder eine Schneckenspirale.

Drahtstern in Silber

Material

- Drahtstern, 11 cm, aus dem Hobbyfachhandel
- Schmuckperlen, verschiedene Ausführungen, in Dunkelblau und Klar irisierend
- Rocailles in Weiß, Silber und Blau-Lila irisierend
- Draht, ∅ 0,45 mm, in Dunkelblau und Silber

Anleitung

Die Rocailles werden bunt gemischt auf den dunkelblauen 0,45-mm-Draht aufgefädelt, und mit dem Winder wird eine 18 cm lange Spirale gedreht. Diese zieht man anschließend sehr vorsichtig in die Länge. Die Spirale muss auf die Länge des Außenmaßes des Drahtsternes gezogen werden. Dann befestigen Sie mit dem Silberdraht die Perlenspirale an der Außenkante des Drahtsternes. Die Schmuckperlen werden einzeln auf ein Stück Silberdraht gefädelt und am Stern befestigt.

Blauer Stern als Serviettenring

Material

- Aluminiumdraht, ∅ 2 mm, in Dunkelblau
- Draht, ∅ 0,45 mm, in Silber
- Rocailles in Weiß, Silber und Blau-Lila irisierend
- Schmuckperlen in Klar irisierend
- Plätzchen-Ausstechform mit Sternmuster

Anleitung

Nehmen Sie die Ausstechform und drücken den blauen Aluminiumdraht einmal außen entlang. So bekommen Sie ganz schnell und einfach eine Sternen-Form. Am Ende schneiden Sie den Draht ab und verbinden die bei-

den Endstücke, indem Sie etwas Draht um beide Enden wickeln.
Fädeln Sie nun die bunt gemischten Rocailles auf 30 cm Länge auf den Silberdraht auf, und umwickeln Sie dann die Sternen-Form. Beim Umwickeln nehmen Sie immer 2–3 Perlen und dann wieder zweimal nur den Silberdraht. So kommt der Silberdraht zur Geltung. Umwickeln Sie den Stern so lange, bis die aufgefädelten Perlen zu Ende sind. Das Ende vom Draht wird mehrmals um die Sternen-Form gewickelt und so befestigt. Fädeln Sie nun verschiedene Schmuckperlen auf Silberdraht auf und umwickeln damit den Stern. Achten Sie darauf, dass Sie etwas Abstand zwischen den Perlen lassen. Das Ende vom Draht wird wieder befestigt.

Blauer Drahtstern

Material

- Aluminiumdraht, ∅ 2 mm und 1 mm, Dunkelblau
- Draht, ∅ 0,3 mm, in Dunkelblau
- Draht, ∅ 0,45 mm, in Silber
- Rocailles in Weiß, Silber und Blau-Lila irisierend

Anleitung

Formen Sie den Stern nach der Anleitung mit dem 2 mm starken blauen Aluminiumdraht. Umwickeln, bzw. befestigen Sie beide Enden mit dem 0,3 mm starken blauen Draht. Schneiden Sie nun aus dem 1 mm dicken blauen Aluminiumdraht 6 Stücke in 12 cm Länge. Daraus formen Sie mit der Rundzange kleine Spiralen mit zwei Umdrehungen. Diese befestigen Sie dann mit dem 0,3-mm-Draht an dem Stern. Die Befestigungspunkte entnehmen Sie der Vorlage. Die überstehenden Drahtstücke kneifen Sie ab. Fädeln Sie die Rocailles nun in bunt gemischter Reihenfolge auf dem Silberdraht auf und drehen mit dem Winder 6 Spiralen mit einer Länge von je 4 cm.
Formen Sie mit dem 2 mm dicken blauen Aluminiumdraht den Kreis nach der Anleitung und fädeln die Perlen-Spiralen auf. Die Befestigungspunkte entnehmen Sie wieder der Vorlage.

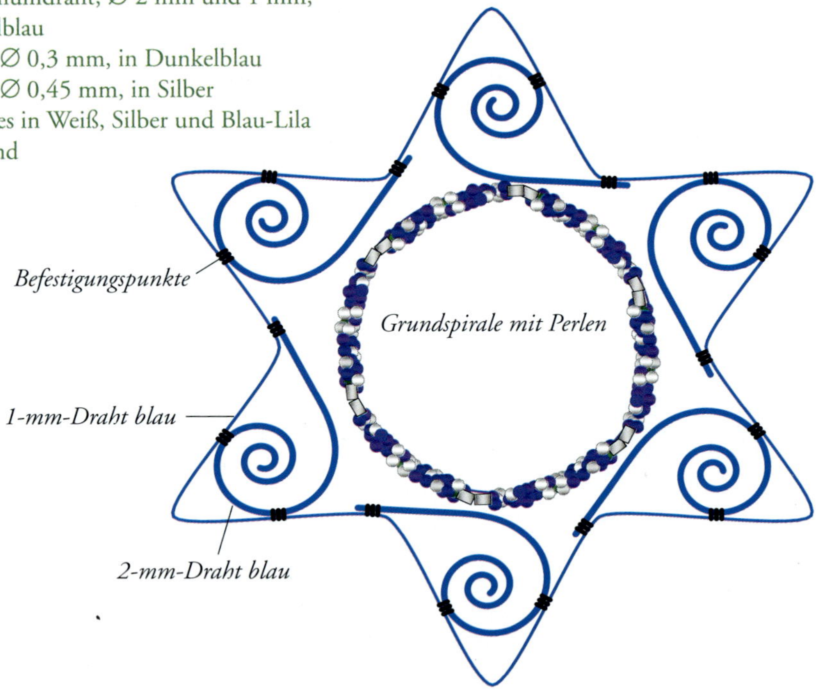

Hängendes Windlicht

Material

- Windlicht
- Draht, ∅ 0,45 mm, in Silber
- Rocailles (Würfel) in Blau, Türkis und Flieder
- Nylonband

Anleitung

Fädeln Sie in bunter Mischung die Rocailles auf den Silberdraht auf und drehen mit dem Winder 3 Spiralen mit je 12 cm Länge. Beim Drehen nehmen Sie 2 bis 4 Perlen bei einer Umdrehung, und dann drehen Sie den Silberdraht 5-mal um den Winder. So entsteht die Unregelmäßigkeit der Perlen-Spirale. Die drei Spiralen werden auf dem Nylonband aufgefädelt, durch die Ösen des Windlichtes gefädelt und gut verknotet. Für die Spiralen, die herunterhängen sollen, schneiden Sie 9 Stücke Draht in verschiedenen Längen (8–12 cm) ab. Die erste Perle fädeln Sie auf, knicken ein 2 cm langes Stück Draht um und fädeln anschließend die weiteren Perlen auf beide Drahtstücke auf. So können Sie den Anfang der Perlen befestigen. Fädeln Sie nun je drei Drahtstücke in einer Farbe mit Rocailles auf und formen sie zu den Spiralen. Am Ende der Spiralen lassen Sie 3 cm Draht übrig, diesen wickeln Sie zur Befestigung um die Perlen-Spirale.

Kette mit rosa Strass-Perlen

Material
- Draht, ∅ 0,45 mm, in Silber
- 5 Strass-Perlen in Rosa
- Quetschperlen
- Nylon Coated in Silber
- Verschluss

Anleitung
Arbeiten Sie zwei Grundspiralen, wie in der Grundanleitung beschrieben, mit je 8 cm Länge. Nun benötigen Sie drei einfach gedrehte Spiralen mit einer Länge von je 4 cm. Sind die Spiralen fertig, ziehen Sie sie auf den 0,45 mm starken Draht auf und drehen daraus drei einfach gedrehte Spiralen. Schneiden Sie nun von dem Nylon Coated zwei Stücke mit der gewünschten Länge der Kette ab. Fädeln Sie die Perlen nach der Vorlage auf, und fixieren Sie sie mit den Quetschperlen.

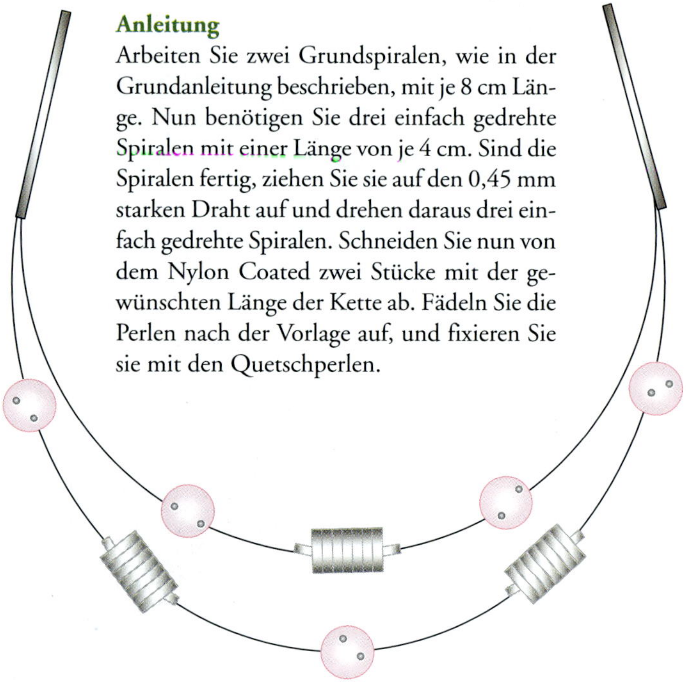

Kette in Flieder und Lila

Material
- Draht, ∅ 0,45 mm, in Silber
- 5 Rohrperlen in Flieder mit Glimmer, 1 cm lang
- 6 Würfelperlen in Lila mit Glimmer, 0,5 cm lang
- Quetschperlen in Silber
- Nylon Coated in Silber
- Verschluss

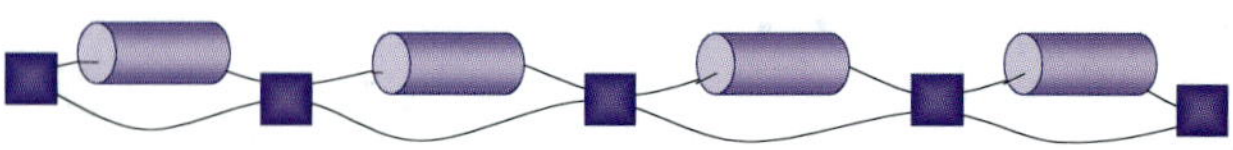

Anleitung
Drehen Sie mit dem Silberdraht zwei Grundspiralen mit einer Länge von je 11 cm. Schneiden Sie von dem Nylon Coated zwei Stücke mit der Länge von je 55 cm ab und fädeln die Perlen laut Anleitung auf. Achten Sie darauf, dass nur die Würfelperlen mit Quetschperlen fixiert werden. Haben Sie die Perlen aufgefädelt, schließt jede Seite mit einer Grundspirale aus Silberdraht ab, die jeweils auch mit Quetschperlen fixiert wird. Zum Schluss arbeiten Sie den Verschluss ein.

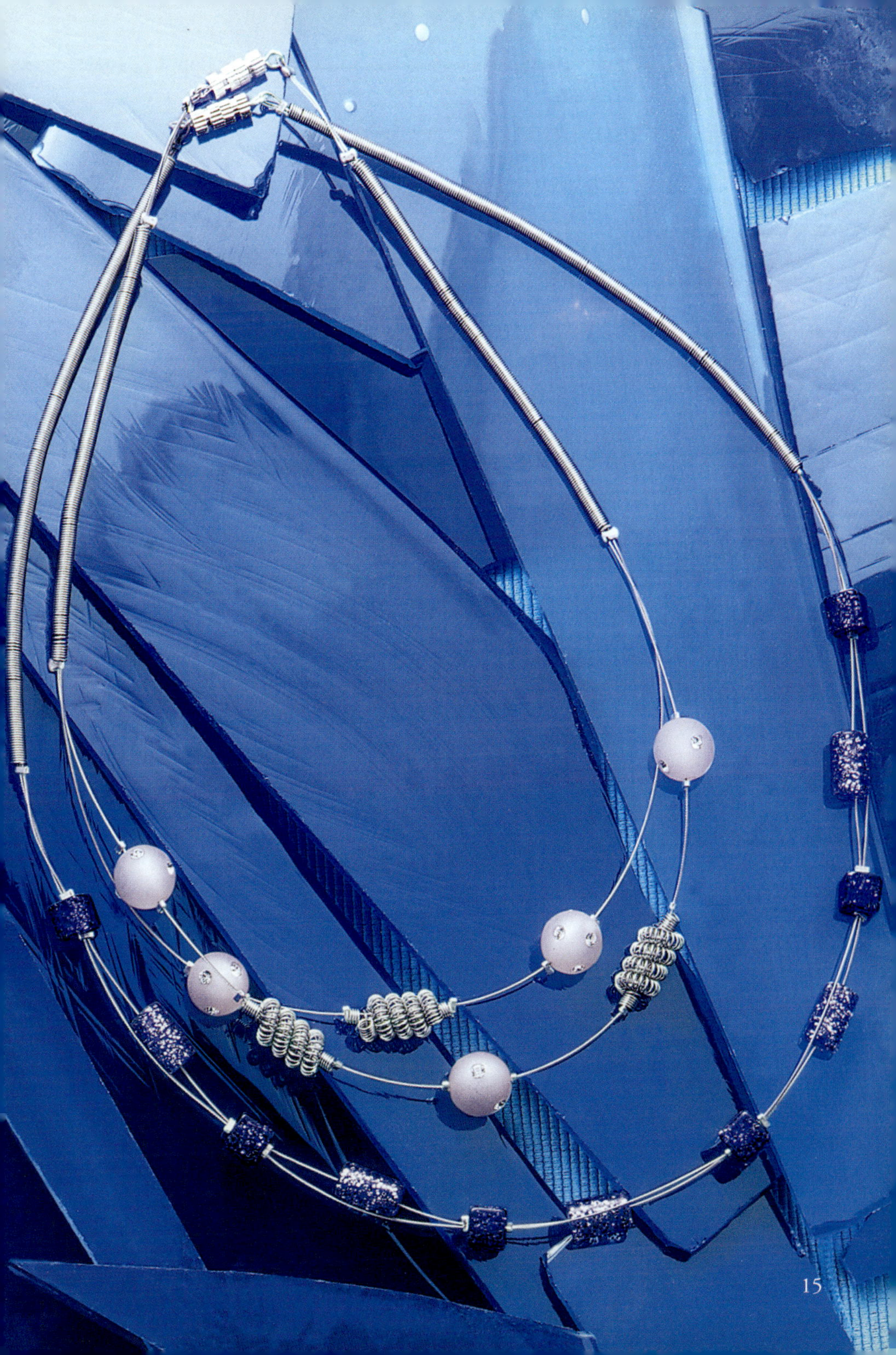

Kette mit grün-gelben Perlen

Material

- Draht, Ø 0,45 mm, in Grün
- Draht, Ø 0,7 mm, in Gold
- Nylon Coated in Gold
- Verschluss
- Quetschperlen
- 5 Glasperlen in Grün-Gelb

Anleitung

Aus dem grünen Draht drehen Sie mit dem Winder zwei Grundspiralen von 12 cm Länge und vier Grundspiralen von 4 cm Länge. Mit den vier kurzen Grundspiralen drehen Sie mit dem goldenen Draht einfach gedrehte Spiralen. Fädeln Sie nun in folgender Reihenfolge die Teile auf dem Nylon Coated auf: Quetschperle, lange Grundspirale, Quetschperle, 1,5 cm frei lassen, Quetschperle, Perle, Quetschperle, 1,5 cm frei lassen, Quetschperle, einfach gedrehte Spirale, Quetschperle. In dieser Reihenfolge arbeiten Sie weiter, bis die Perlen und einfach gedrehten Spiralen verarbeitet sind. Dann fädeln Sie die lange Grundspirale am Ende der Kette auf. Zum Schluss arbeiten Sie den Verschluss ein.

Grüne Kette mit Katzenaugen

Material

- Ready-Wire-Spiralen, in Grün, dick und dünn
- Draht, Ø 0,45 mm, in Grün
- Grüne Perlen (Katzenaugen)
- Rocailles in Grün irisierend
- Nylon Coated in Silber
- Quetschperlen
- Verschluss

Anleitung

Schneiden Sie von dem Nylon Coated drei unterschiedlich lange Stücke ab. Das erste Stück schneiden Sie in der gewünschten Länge der Kette ab, das zweite und dritte Stück je 3 cm länger als das vorhergehende. Drehen Sie von dem grünen Draht zwei Grundspiralen von je 7 cm Länge. Die Ready-Wire-Spiralen schneiden Sie in folgender Länge zu: zwei dünne Spiralen von 1,5 cm Länge, vier dünne Spiralen von 1,8 cm Länge und drei dicke Spiralen von 1,8 cm Länge. Fädeln Sie in folgender Reihenfolge die Perlen auf: Nehmen Sie den ersten Draht und fädeln eine 1,5 cm dünne Spirale, eine Perle und eine 1,5 cm dünne Spirale auf, und fixieren Sie beide Seiten mit Quetschperlen. Fädeln Sie auf beiden Seiten die Rocailles auf, bis eine Länge von 15 cm erreicht ist. Nehmen Sie den zweiten Draht und fädeln eine 1,8 cm dünne

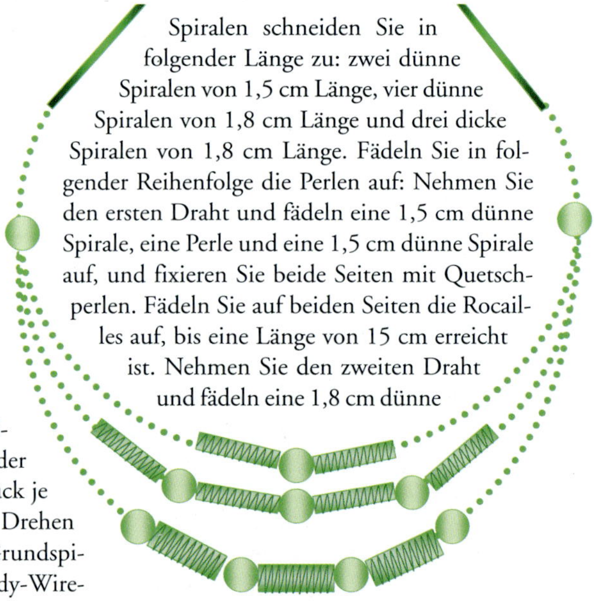

Spirale, eine Perle und eine dünne Spirale auf. In dieser Reihenfolge verarbeiten Sie vier Spiralen und drei Perlen. Beide Seiten werden wieder mit Quetschperlen fixiert und dann mit Rocailles aufgefüllt, bis eine Länge von 18 cm erreicht ist.

Auf den dritten Draht fädeln Sie abwechselnd eine 1,8 cm dicke Spirale und eine Perle auf. Verarbeiten Sie so drei Spiralen und vier Perlen. Die beiden Seiten werden mit Quetschperlen fixiert und dann wieder Rocailles auf eine Länge von 21 cm aufgefädelt.

Nehmen Sie nun alle drei Drähte und fädeln auf beiden Seiten eine Perle auf. Beide Seiten der Kette werden nun mit Rocailles und den Grundspiralen bestückt, bis sie die gewünschte Länge erreicht haben. Am Ende arbeiten Sie den Verschluss ein.

Herzen

Serviettenring

Material

- Aluminiumdraht, ∅ 2 mm, in Rot
- Draht, ∅ 0,5 mm und ∅ 0,3 mm, in Rot
- Rocailles in Silber und Rot

Anleitung

Fädeln Sie die Rocailles in gemischter Reihenfolge auf den 0,5 mm dicken Draht auf und drehen damit eine Grundspirale mit Perlen. Fädeln Sie die Spirale auf den 2 mm dicken Draht und biegen einen Kreis. Mit den beiden Endstücken des Drahtes wird das Herz gebogen. Fixieren Sie nun die angegebenen Punkte mit dem 0,3 mm starken Draht.

Kerzenverzierung

Material

- Kerze
- Aluminiumdraht, ∅ 2 mm, in Rot
- Draht, ∅ 0,3 mm, in Silber
- Maschendrahtgewebe in Silber
- verschiedene Perlen in Rot und Klar irisierend

Anleitung

Umwickeln Sie die Kerze mit dem Drahtgewebe und verflechten die Drahtenden miteinander. Aus dem 2-mm-Draht biegen Sie die Herzen, und mit dem 0,3-mm-Draht fixieren Sie diese auf dem Gewebe. Befestigen Sie die Perlen mit dem Silberdraht an dem Gewebe.

Dose mit Herzen

Material

- Dose
- Draht, ∅ 0,5 mm und ∅ 0,3 mm, in Rot
- Acryl-Farbe in Silber und Rot
- Metallfolie in Silber
- Rocailles in Silber und Rot
- Quetschperlen, Kleber

Anleitung

Streichen Sie die Dose mit Acryl-Farbe. Prickeln Sie die Herzen auf die Metallfolie und schneiden sie aus. Kleben Sie die Herzen auf die Dose. Fädeln Sie nun bunt gemischt die Perlen auf den roten Draht auf. Fixieren Sie am Anfang und Ende die Rocailles mit den Quetschperlen. Schieben Sie die Perlen nicht zu stramm zusammen, denn wenn der Draht gebogen wird, benötigen Sie etwas Spiel zwischen den Perlen. Biegen Sie nun die Herzform, und fixieren Sie das Herz mit dem 0,3 mm dicken Draht. Kleben Sie das Herz auf die Dose.

Metallherz

Material

- Drahtherz aus dem Hobbyfachhandel
- Draht, ∅ 0,3 mm und ∅ 0,5 mm, in Silber
- Rocailles in Silber und Rot
- verschiedene Perlen in Rot und Klar irisierend

Anleitung

Drehen Sie mit den Rocailles und dem 0,5 mm starken Draht zwei Grundspiralen. Ziehen Sie die Spiralen vorsichtig in die Länge und befestigen sie mit dem 0,3-mm-Draht auf dem Drahtherz. Die verschiedenen Perlen werden mit dem 0,3-mm-Draht entweder gemäß der Abbildung oder nach Belieben an dem Herz befestigt.

Kette in Blau-Silber

Material
- Draht, ∅ 0,45 und ∅ 0,7 mm, in Silber
- 8 Schmuckperlen in Silber
- 4 Perlen, ∅ 10 mm, in Polarisblau
- Nylon Coated in Silber
- Quetschperlen
- Verschluss

Anleitung
Drehen Sie mit dem silbernen Draht, 0,45 mm, 4 Grundspiralen von 14 cm Länge. Zwei legen Sie zur Seite, und eine kneifen Sie in der Mitte durch. Von den zwei kurzen und einer langen Grundspirale drehen Sie mit dem Silberdraht, 0,7 mm, einfach gedrehte Spiralen. Nehmen Sie nun die lange Spirale und drehen damit eine zweifach gedrehte Spirale. Fädeln Sie in folgender Reihenfolge die Perlen auf Nylon Coated: Lange Grundspirale, silberne Perle, blaue Perle, silberne Perle, einfach gedrehte Spirale, silberne Perle, blaue Perle, silberne Perle, zweifach gedrehte Spirale. Die zweifach gedrehte Spirale ist die Mitte der Kette. Fädeln Sie die zweite Seite spiegelverkehrt auf. Zum Schluss arbeiten Sie den Verschluss ein.

Kette mit Rocailles in Blau-Silber

Material
- Draht, ∅ 0,45 mm, in Silber
- Aluminiumdraht, ∅ 2 mm, in Hellblau
- Rocailles in Silber, Hellblau und Dunkelblau metallic
- Verschluss

Anleitung
Fädeln Sie die Rocailles in gemischter Farbfolge auf den Silberdraht auf und drehen daraus Perlenspiralen, eine von 12 cm Länge und vier von 6 cm Länge. Die lange Perlenspirale drehen Sie noch einmal, sodass Sie eine doppelt gedrehte Spirale erhalten. Drehen Sie mit dem Silberdraht 6 einfach gedrehte Spiralen. Die Spiralen verbinden Sie mit Ösen. Die Ösen werden aus dem 2 mm dicken Aluminiumdraht gebogen. Zum Schluss arbeiten Sie den Verschluss ein.

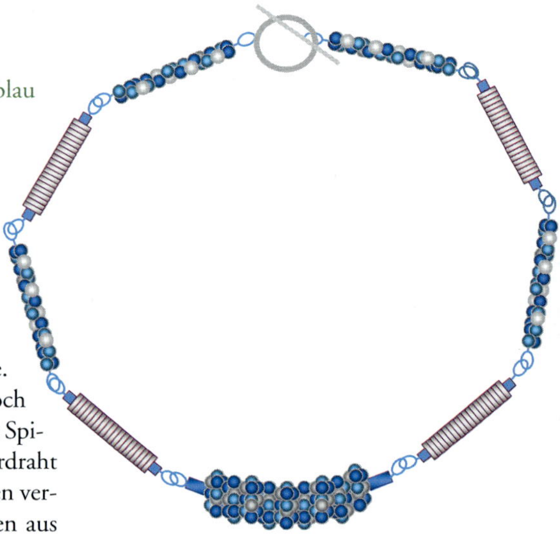

Bilderrahmen in Blau-Silber

Material
- Bilderrahmen
- Aluminiumdraht, ∅ 2 mm, in Hellblau
- Draht, ∅ 0,3 mm, in Silber
- verschiedene Spiralen
- Acryl-Farbe in Silber
- Klebstoff
- Steckplatte

Anleitung
Fädeln Sie verschiedene Spiralen auf den Aluminiumdraht auf. Nehmen Sie die Steckplatte und bestücken sie mit verschieden dicken Stiften. Legen Sie den Bilderrahmen zur Kontrolle am besten unter die Steckplatte, so sehen Sie sofort, ob die Größe des Drahtrahmens passt. Drehen Sie den Aluminiumdraht stramm um die Stifte. Die Spiralen platzieren Sie so, dass Sie zwischen den Stiften liegen. Nehmen Sie den fertigen Rahmen ab, und fixieren Sie nun mit dem Silberdraht die Eckpunkte. Den Holzrahmen streichen Sie mit silberner Acryl-Farbe. Nach dem Trocknen der Farbe kleben Sie den Drahtrahmen auf.

Kerzenverzierung in Blau-Silber

Material
- Kerze
- Aluminiumdraht, ∅ 1 mm, in Hellblau
- Draht, ∅ 0,3 mm, in Silber
- Steckplatte

Anleitung
Stecken Sie die Stifte gemäß der Grundanleitung auf die Steckplatte und drehen den Aluminiumdraht fest um die Stifte. Die Einzelteile verbinden Sie mit dem Silberdraht.

Kerzenständer und Serviettenring in Blau-Silber

Material
- Kerzenständer aus Glas, hoch
- Aluminiumdraht, ∅ 2 mm, in Hellblau
- Draht, ∅ 0,45 mm, in Silber
- Rocailles in Silber, Hellblau und Dunkelblau metallic
- Steckplatte

Anleitung
Arbeiten Sie zwei Grundspiralen mit Perlen. Fädeln Sie eine Perlenspirale auf den Aluminiumdraht auf und binden den Draht mit der Spirale zu einem Kreis zusammen. Ohne den

Draht abzukneifen, wickeln Sie den Draht spiralförmig um den Kerzenständer und schließen wieder mit einem Kreis, den Sie mit Silberdraht fixieren.

Fixieren Sie den Kreis mit dem Silberdraht. Mit der zweiten Perlenspirale arbeiten Sie wieder einen Kreis, und mit den Endstücken des Drahtes drehen Sie die herunterhängenden Spiralen. Dazu können Sie sich noch Serviettenringe anfertigen. Fädeln Sie silberne, hell- und dunkelblaue Rocailles in bunter Reihenfolge auf den dünnen Draht. Winden Sie diesen so bestückten Draht dann locker um den Aluminiumdraht, und verdrehen Sie die Enden mit Hilfe der Steckplatte, wie auf der Abbildung zu sehen.

Kerzenständer in Grün

Material

- Kerzenständer aus Glas, kurz
- Aluminiumdraht, ∅ 2 mm, in Grün
- Draht, ∅ 0,45 mm, in Silber
- Bouillondraht in Silber
- Perlen in Grün, verschiedene Ausführungen

Anleitung

Wickeln Sie den grünen Aluminiumdraht spiralförmig um den Kerzenständer. Am Anfang und Ende wird der Draht zu einem Kreis geformt und mit dem Silberdraht fixiert. Fädeln Sie nun die verschiedenen grünen Perlen auf den Silberdraht auf und umwickeln den grünen Draht damit.
Zum Schluss wickeln Sie den Bouillondraht darum. Für den Kranz drehen Sie eine Grundspirale mit dem grünen Draht, wofür Sie am besten die dicke Stange des Winders benutzen. Aus dieser Spirale arbeiten Sie einen Kreis, der wiederum mit Perlen und Bouillondraht umwickelt wird.

Bilderrahmen in Grün

Material

- Bilderrahmen
- Aluminiumdraht, ∅ 2 mm, in Gold
- Draht, ∅ 0,3 mm, in Gold
- Acryl-Farbe in Grün
- Steckplatte
- Klebstoff

Anleitung

Fädeln Sie auf den Aluminiumdraht verschiedene Spiralen auf. Hierbei lassen sich Reststücke sehr gut verarbeiten. Nehmen Sie die Steckplatte und bestücken sie mit verschieden dicken Stiften. Legen Sie den Bilderrahmen zur Kontrolle am besten unter die Steckplatte, denn so sehen Sie sofort, ob die Größe des Drahtrahmens passt. Drehen Sie den Aluminiumdraht stramm um die Stifte. Die Spiralen platzieren Sie so, dass sie zwischen den Stiften liegen. Nehmen Sie den fertigen Rahmen ab, und fixieren Sie nun mit dem goldenen Draht (0,3 mm) die Eckpunkte. Den Holzrahmen streichen Sie mit der grünen Acryl-Farbe. Nach der Trockenzeit der Farbe kleben Sie den Drahtrahmen auf.

Kette und Armband in Olive

Material für Kette

- Draht, ∅ 0,5 mm, in Olive
- Draht, ∅ 0,5 mm, in Kupfer
- Je 3 Perlen, Polaris, in Olive, Grün und Kupfer
- Nylon Coated in Gold
- Quetschperlen
- Verschluss

Anleitung

Drehen Sie zwei Grundspiralen in Olive von je 14 cm Länge. Drehen Sie dann vier Spiralen in Kupfer von 1 cm Länge, nehmen Sie hierfür die dicke Stange des Winders.

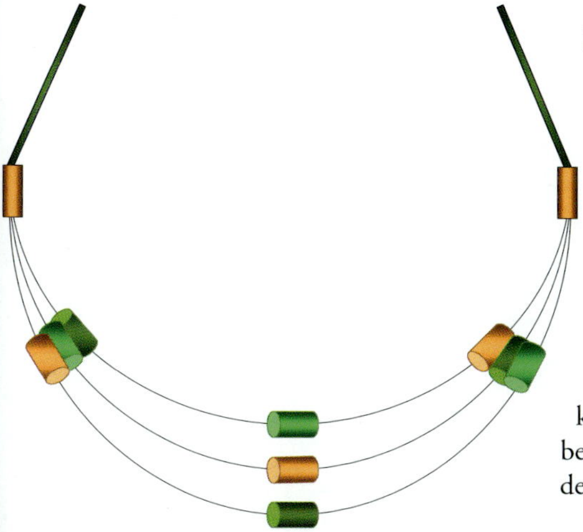

Schneiden Sie drei Stücke Nylon Coated in gewünschter Länge ab. Fixieren Sie mit den Quetschperlen je eine Perle in jeder Farbe auf einem der Stücke Nylon Coated. Fädeln Sie beide Enden der drei Drahtstücke durch eine Quetschperle und fixieren sie. Achten Sie darauf, dass Sie einen gleichmäßigen Abstand einhalten. Fädeln Sie die Grundspiralen auf und kleben am Anfang und Ende die kupferfarbenen Spiralen an. Zum Schluss arbeiten Sie den Verschluss ein.

Material für Armband

- Draht, ∅ 0,5 mm, in Olive
- Draht, ∅ 0,5 mm, in Kupfer
- Scheibenperlen, Polaris, in Kupfer
- Perlen, ∅ 6 mm, in Grün
- Nylon Coated in Gold
- Quetschperlen
- Verschluss

Anleitung

Drehen Sie mit dem grünen Draht 4 cm lange Grundspiralen und dann mit dem Kupferdraht einfach gedrehte Spiralen. Fädeln Sie dann in folgender Reihenfolge die Teile auf: Spirale, grüne Perle, Scheibenperle, grüne Perle, Spirale. Zum Schluss arbeiten Sie den Verschluss ein.

Windlicht mit Schmetterling

Material

- Windlicht
- Draht, ∅ 0,45 mm, in Silber
- Rocailles in Weiß, Silber und Pink
- Rocailles, ∅ 4 mm, in Weiß

Anleitung

Drehen Sie mit den bunt gemischten Rocailles je zwei Perlen-Grundspiralen von 8 und 12 cm Länge. Arbeiten Sie den Perlenkörper nach der Grundanleitung. Fädeln Sie die Perlenspiralen auf Draht auf und biegen die Flügel.

Befestigen Sie die Flügel am Körper und arbeiten aus einem Stück Silberdraht die Fühler.

Den fertigen Schmetterling kleben Sie auf das Windlicht.

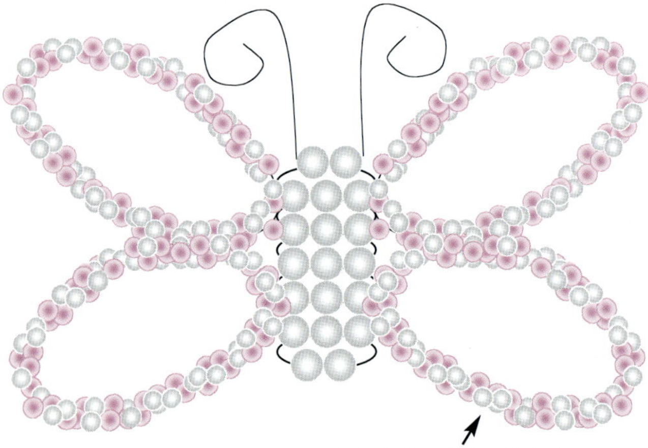

Einfach gedrehte Spirale

Haarreif mit Schmetterling

Material
- Haarreif
- Draht, ∅ 0,45 mm, in Pink und Silber
- Rocailles, ∅ 4 mm, in Pink und Silber
- Kleber

Anleitung

Drehen Sie aus dem Draht (0,45 mm) Grundspiralen und schneiden sie auf eine Länge von 2 und 3 cm zu. Arbeiten Sie nun den Körper mit den Perlen nach der Grundanleitung. Die Grundspiralen werden auf Draht gezogen und zu Flügeln gebogen. Befestigen Sie die Flügel am Perlenkörper.

Arbeiten Sie dann mit einem Stück Silberdraht die Fühler an den Körper. Sie sollten die Fühler mit einem Tropfen Sekundenkleber fixieren. Der fertige Schmetterling wird mit Sekundenkleber oder mit Draht am Haarreif befestigt.

Schmuck aus der Strickliesel

Kette in Rot-Gelb

Material

- Rocailles in Rot, Orange, Gelb und Grün
- Strickliesel
- Nylonfaden
- Quetschperlen
- Verschluss

Anleitung

Fädeln Sie die Rocailles in bunt gemischter Reihenfolge auf den Nylonfaden auf, und arbeiten Sie mit der Strickliesel die gewünschte Länge der Kette. Achten Sie darauf, dass immer zwei Rocailles zwischen den Drahtbügeln liegen wenn Sie die Maschen abheben. Am Ende arbeiten Sie den Verschluss ein.

Kette und Armband mit Facetten-Perlen

Material

- Facetten-Perlen in Rosa, Klar, Hell- und Dunkelblau
- Nylonfaden
- Strickliesel
- Quetschperlen
- Verschluss

Anleitung

Für das Armband fädeln Sie die Perlen in immer gleicher Reihenfolge auf: Rosa, Klar, Hell- und Dunkelblau. Beim Abheben der Maschen muss immer eine Facetten-Perle zwischen den Drahtbügeln liegen. Bei der nächsten Runde arbeiten Sie keine Perlen ein, bei dritten Runde dagegen schon. So liegen Runde für Runde immer die gleichen Perlenfarben zwischen den Drahtbügeln und es entstehen die Farbstreifen am Armband. Die Enden des Armbandes verknoten Sie gut miteinander.

Für die Kette fädeln Sie die Facetten-Perlen in bunt gemischter Reihenfolge auf den Nylonfaden und arbeiten mit der Strickliesel die gewünschte Länge der Kette. Am Ende wird der Verschluss eingearbeitet.

Schmuck mit der Strickgabel

Kette mit blauen Frostperlen

Material

- Frostperlen, ∅ 0,4 mm, 0,6 mm, 0,8 mm in Blau
- Stiftperlen in Blau
- Strickgabel
- Draht, ∅ 0,45 mm in Silber
- Quetschperlen
- Verschluss

Anleitung

Fädeln Sie die Perlen in bunt gemischter Reihenfolge auf den Draht und arbeiten mit der Strickgabel die gewünschte Länge der Kette. Orientieren Sie sich dabei an der Grundanleitung. Am Ende fügen Sie den Verschluss ein.

Kette und Armband mit Glasperlen

Material
- Glasperlen in Türkis und Bunt
- Rocailles in Pink und Klar irisierend
- Nylon Coated in Silber
- Strickliesel, Strickgabel
- Quetschperlen, Verschluss

Anleitung
Für das Armband fädeln Sie Perlen in gemischter Reihenfolge auf den Nylon Coated auf und arbeiten mit der Strickliesel die gewünschte Länge des Armbandes. Am Schluss verknoten Sie die Drahtenden und fixieren sie mit einer Quetschperle.
Bei der Kette fädeln Sie wieder die Perlen in bunter Reihenfolge auf den Nylon Coated auf und arbeiten mit der Strickgabel die gewünschte Länge der Kette, wobei Sie sich an der Grundanleitung orientieren können. Am Ende fügen Sie den Verschluss ein.

ENGLISCH VERLAG

kreativ

ISBN 3-8241-1107-1
Broschur, 32 Seiten

ISBN 3-8241-1094-6
Broschur, 32 Seiten

ISBN 3-8241-1095-4
Broschur, 32 Seiten

ISBN 3-8241-1129-2
Broschur, 32 Seiten

ISBN 3-8241-0956-5
Broschur, 32 Seiten

ISBN 3-8241-1154-3
Broschur, 32 Seiten

Lust auf Mehr?

Liebe Leserin, lieber Leser,
natürlich haben wir noch viele andere Bücher im Programm.
Gerne senden wir Ihnen unser Gesamtverzeichnis zu.
Auch auf Ihre Anregungen und Vorschläge sind wir gespannt.
Rufen Sie uns einfach an oder schreiben Sie uns.

Englisch Verlag GmbH
Postfach 2309 · 65013 Wiesbaden
Telefon 06 11/9 42 72-0 · Telefax 06 11/9 42 72 30
E-Mail info@englisch-verlag.de
Internet http://www.englisch-verlag.de